Migrar al alma

Pilar Borikó

Migrar al alma

Pilar Borikó

Primera edición: enero, 2026

Título original: Migrar al alma

info@rapitbook.com
www.rapitbook.com

ISBN: 978- 84-10484-45-0

Autora: Pilar Borikó

Imagen de cubierta: Evelyn Miren Sulé B. Sota

Edición y maquetación: Andrés Cárdenas

Impresión y encuadernación: Impresrapit SL.
www.impresrapit.com

Impreso en España - *Printed in Spain*

«Nadie me dijo cuándo migré.
Lo supe el día que decidí volver a sentir».

Pilar Borikó

Índice

Introducción de la autora

No escribí este libro para contar una historia. Lo escribí para regresar a la mía.

Durante muchos años caminé con la sensación silenciosa de haber vivido a medias, habitando un cuerpo cansado y un alma que se quedó detenida en algún lugar del pasado. Crecí creyendo que migrar era simplemente mudarse de un país a otro, cambiar de idioma, adaptarse a nuevas normas. Con el tiempo, descubrí que la migración más profunda no ocurre en un aeropuerto, sino dentro de una misma.

Migré de mi infancia cuando tuve que dejar mi hogar demasiado pronto. Migré de mis necesidades cuando aprendí a ser fuerte antes de tiempo. Migré de mi verdad cuando la vida me exigió sobrevivir sin preguntar cómo estaba. Y migré de mi alma cuando olvidé mirarme, sentirme y reconocerme.

La niña que fui se quedó atrás, creyendo que algún día volverían a buscarla. La mujer que me convertí aprendió a seguir adelante con un ritmo que no eligió, pero que la sostuvo. Entre ambas quedó una historia que necesitaba ser contada, no para revivir el dolor, sino para honrarlo.

Este libro nació el día en que comprendí que no podía seguir viviendo desde el desarraigo. Que no podía seguir exigiéndome fortaleza cuando lo que mi alma pedía era descanso. Que no podía continuar caminando sin preguntarme quién era realmente debajo de tantos roles, tantas cargas y tantos silencios.

Escribí estas páginas para recuperar lo que perdí sin saberlo: mi identidad, mi ternura, mis raíces, mi nombre interior. Y descubrí que el verdadero viaje nunca fue el que me llevó lejos de mi tierra, sino el que me estaba acercando, por fin, a mí.

Si este libro ha llegado a tus manos, no es casualidad. Tal vez tú también sientas que una parte de ti quedó suspendida en el tiempo. Tal vez cargues historias que nunca supiste cómo nombrar. Tal vez migraste emocionalmente sin salir de tu casa. Tal vez estés cansada de sostenerlo todo, de ser fuerte cuando nadie te pregunta si aún puedes.

A ti, que lees esto, te ofrezco mi mano. No como experta, sino como mujer que aprendió —a golpes y a luces— que regresar al alma siempre es posible. Que todo lo que perdimos puede recuperarse. Que toda herida, si se mira con amor, se convierte en camino.

Gracias por acompañarme en este viaje hacia dentro.
Si estas páginas te abrazan, que sea suavemente.
Si te remueven, que sea para liberarte.
Y si te iluminan, que sea para recordarte que tú también mereces volver a tu alma, a tu verdad, a tu casa interior.

Bienvenida a este retorno.

Pilar Borikó

Sobre este libro

Migrar al alma: El viaje invisible de una niña que fué lejos… y de una mujer que volvió a sí.

Migrar al alma no es un libro sobre geografías, sino sobre distancias interiores. Es la historia de una niña que salió de su tierra sin comprender que también estaba siendo arrancada de sí misma; de una mujer que creció aprendiendo a sobrevivir; y de un alma que, con los años, pidió regresar a su verdad, a su raíz y a su luz.

Estas páginas recorren el viaje emocional de quienes tuvieron que ser fuertes demasiado pronto, de quienes se adaptaron para no romperse, de quienes guardaron silencios que no les pertenecían, y de quienes un día se miraron al espejo y descubrieron que no sabían quién eran.

Desde escenas íntimas —un aeropuerto, una despedida, un internado, un matrimonio roto, noches de cansancio, amaneceres de esperanza— hasta reflexiones profundas sobre identidad, memoria, trauma, autocuidado y despertar, este libro acompaña un camino posible para volver a casa: la casa interior, la que nunca se perdió, solo quedó dormida.

A través de una escritura honesta, sensible y valiente, *Migrar al alma* propone un recorrido en cinco grandes movimientos:

- El desarraigo que duele aunque nadie lo vea.
- La herida sin nombre que marca la vida adulta.
- El despertar que comienza cuando el alma pide ser escuchada.
- El regreso hacia la mujer que siempre estuvo ahí, esperando.
- El florecimiento que nace cuando dejamos de huir de nosotras mismas.

Este libro es un abrazo para cualquier mujer que se haya sentido invisible, agotada o desconectada de su esencia. Más que una historia, es un faro. Un recordatorio de que el dolor también puede convertirse en puente y de que la vida siempre ofrece la oportunidad de volver: volver a sentir, volver a confiar, volver a ti.

Prólogo

Migrar al alma

Este libro no habla de fronteras.
Habla de heridas invisibles.
De viajes que no aparecen en los pasaportes, pero sí en el corazón.

Hay personas que emigran de un país a otro.
Y hay quienes, sin darse cuenta, emigran de sí mismas.

Yo fui una niña que cambió de tierra,
pero también fui una niña que se fue por dentro.

Me fui de mis emociones.
Me fui de mis preguntas.
Me fui de la certeza de estar a salvo.

Crecí creyendo que crecer era resistir.
Que ser fuerte era no llorar.
Que adaptarse era callar.
Y que mirar atrás era peligroso.

Aprendí a sonreír sin estar bien.
A agradecer sin comprender.
A seguir sin sentir.

Porque nadie me enseñó que una niña
también puede romperse en silencio.

Este libro no nace para contar una historia dramática.
Nace para nombrar un dolor que muchas llevamos
y pocas sabemos explicar.

Nace para ti, si alguna vez te sentiste distinta.
Si aprendiste a ser adulta demasiado pronto.
Si has vivido sosteniendo a todos
mientras tú te ibas desmoronando por dentro.

Nace para la mujer cansada de ser fuerte.
Para la que se acostumbró a sobrevivir
y ahora quiere, por fin, comenzar a vivir.

Yo no escribí para enseñar.
Escribí para sanar.
Y sin saberlo, en cada palabra,
la niña que fui fue regresando a casa.

Este libro es una puerta, no una explicación.

Es un susurro que dice:
«No estás sola».
«No exageras».
«No llegaste tarde».
«Aún estás a tiempo».

Migrar al alma es volver a ti.
Es desaprender la dureza.
Es quitarte las máscaras con ternura.
Es sentarte junto a tu propia historia sin miedo.

No importa cuántos años tengas.
No importa cuántas veces callaste.
No importa cuántas veces dudaste.

Si este libro llegó a tus manos, no fue casualidad.

Tal vez ya es hora…
de volver.
De **migrar al alma**.

Primera parte

Cuando el alma se va sin saberlo

Capítulo 1

La niña que partió sin despedirse.

Cuando nadie te explica qué está pasando, pero tu corazón lo siente todo

No recuerdo haberme despedido.
Tal vez porque nadie me advirtió que aquel día lo era.

El aeropuerto me pareció inmenso, demasiado grande para mis once años. El murmullo de las voces, el rodar interminable de las maletas, los pasos rápidos de quienes iban y venían… y yo, en medio de todo, sintiendo que el mundo avanzaba con una prisa que mi corazón no podía seguir.

Mi madre alisaba mi ropa una y otra vez, como si pudiera ordenar mi destino con sus manos. Mi padre permanecía en silencio, rígido, como si hablar fuera a romper algo que ya estaba roto. Yo sostenía una maleta ligera, tan ligera por fuera como pesada por dentro.

No hubo discursos largos.
Solo palabras breves que aún resuenan:

—Es por tu bien.
—Volverás pronto.
—Sé fuerte.

Pero yo no quería ser fuerte.
Yo quería quedarme.

Cuando anunciaron mi vuelo, sentí un golpe sordo en el pecho, como si algo se partiera sin hacer ruido. Mis pies avanzaron, pero mi interior se quedó atrás, suspendido en aquel abrazo que no supe dar.

No miré hacia atrás.
No porque no quisiera…
sino porque sabía que no habría regreso si lo hacía.

Ese fue mi primer abandono sin elección.
Y el primero que aprendí a guardar en silencio.

El vuelo fue largo. O quizá lo fue el miedo. Nunca había estado tan sola entre tanta gente. A través de la ventanilla, veía las nubes pasar como si fueran otros mundos inaccesibles. Yo solo quería volver al mío.

Cuando llegué al internado, comprendí que nada volvería a ser igual.

Los pasillos eran largos y fríos. Las voces, distintas. Mi nombre sonaba ajeno en boca de desconocidos. Las camas alineadas como soldados cansados. Las normas, claras. Los horarios, estrictos. No había brazos esperándome al final del día.

Allí no se lloraba en voz alta.
Allí se aprendía a resistir.

Aprendí a vestirme deprisa.
A ordenar mis cosas sin que me lo pidieran.
A ocupar poco espacio.

Mi infancia empezó a borrarse con una delicadeza cruel.

Las noches eran las peores. Cuando todo se apagaba, el recuerdo encendía sus luces dentro de mí: el olor de mi casa, la tibieza de una voz conocida, las manos que antes sabían sostenerme. Lloraba en silencio, sobre una almohada que no olía a hogar.

Nadie venía a cubrirme con una manta.
Nadie me decía buenas noches.

Y mi corazón empezó a aprender algo peligroso:
no esperar.

Poco a poco dejé de preguntar.
De imaginar.
De necesitar.

Me volví experta en adaptarme.
Tan buena fui en ello…
que terminé perdiendo la forma.

Crecí creyendo que ser fuerte era no sentir.
Que resistir era no quejarse.
Que agradecer implicaba olvidar.

Y, sin darme cuenta, empecé a alejarme de mí.

Así comenzó mi segunda migración:
no de país,
sino de alma.

Me convertí en mujer sin haber terminado de ser niña.
En adulta sin haber sido cuidada.
En fuerte sin haber sido acompañada.

Y la niña que fui aprendió a esconderse tan bien…
que incluso yo la olvidé.

Durante años no supe dónde buscarla.
Hasta que un día… la sentí.

En una palabra.
En una pregunta.
En una lágrima que ya no quise secar.

Este libro nace ahí:
en el momento exacto en que decidí volver.

Porque nunca es tarde para regresar a una misma.
Porque la infancia no desaparece…
solo espera.

Y quizás tú también, mientras lees esto, te estés buscando.

Quizás también partiste sin despedirte.
Quizás también aprendiste a ser fuerte demasiado pronto.
Quizás también te adaptaste tanto…
que te olvidaste.

Y aun así…

Aquí estás.
Leyendo.
Respirando.
Sintiendo.

Eso, querida lectora…
también es volver.

Capítulo 2

Una vida en pausa

Crecer esperando sin saber qué, ni a quién

La adolescencia me llegó como una estación que no avisa. Una mañana desperté y ya no era la niña que partía en un aeropuerto sin comprender, sino una joven que había aprendido a callar sus preguntas.

En el internado, todo estaba organizado para que funcionáramos, para que obedeciéramos, para que no sintiéramos demasiado. Crecer allí era como vivir dentro de un reloj ajeno: los minutos avanzaban, pero nada se movía dentro de mí.

Aprendí a vivir en pausa.

Mientras otras niñas jugaban, yo esperaba. Esperaba algo que no sabía nombrar: ¿un abrazo?, ¿una visita?, ¿una voz que dijera mi nombre con cariño? Esperaba sin saber qué, ni a quién. Y en esa espera, el tiempo se volvió un silencio largo, interminable.

Recuerdo el frío de las mañanas. Un frío que no solo venía de las paredes, sino del alma. Era el frío de no pertenecer. De tener un cuerpo que crecía y un corazón detenido. De avanzar por fuera mientras, por dentro, seguía siendo la niña abandonada en una sala de aeropuerto.

Me adapté, porque no tenía otra opción. Cambié mi forma de hablar, de comportarme, de esconder mis emociones. En el internado había reglas que nadie escribía, pero todas conocíamos: ser fuerte, no molestar, no necesitar.

Me convertí en una experta en desaparecer emocionalmente.

Y así, mientras crecía, aprendí a sostenerme sola. A fingir que no dolía. A sonreír por educación. A encoger mis sueños para no ocupar demasiado espacio.

Una parte de mí se endureció.
La otra se apagó.

Crecí sin rebeldía, sin preguntas, sin permiso para sentir.

La migración empezó a tomar otro sentido. Ya no era solo el viaje que me había arrancado de mi tierra, sino el movimiento interno que me alejaba de mí misma. Migré de mis emociones, de mis raíces, de mi identidad.

Me convertí en una adolescente extranjerizada por dentro y por fuera, viviendo entre dos orillas invisibles.

Porque cuando migras siendo tan pequeña, no entiendes que estás perdiendo algo.
Lo entiendes después.
Cuando la vida adulta te obliga a mirar hacia atrás.
Cuando una parte de ti, rota y olvidada, pide ser escuchada.

Y yo… tardé años en escucharla.

La adultez llegó y yo seguía actuando desde el silencio aprendido. Fui madre, trabajadora, mujer fuerte… demasiado fuerte. Resistía cada golpe sin permitirme caer. Me ocupaba de todos menos de mí. Honraba responsabilidades, pero no honraba mis heridas.

Vivía en automático.
Existía en pausa.
Respiraba porque tocaba.

¿Pero vivir?
No estaba viviendo.

Y aun así, resistí.
Como resisten todas las mujeres que se hicieron adultas sin haber sido niñas.
Como resisten quienes crecieron esperando… algo que nunca llegó.

La espera se convirtió en forma de vida.
Una vida sin pausa…
pero en pausa.

Hasta que un día, esa misma espera se volvió tan pesada que tuve que detenerme.

Miré mi reflejo y no reconocí los ojos que me miraban. No sabía quién era esa mujer. No supe en qué momento la niña que fui había desaparecido de mi mirada.

Ese fue el quiebre.
Sí.
Pero también fue el primer paso hacia mi regreso.

Porque una vida en pausa también puede volver a moverse.
Porque el alma, aunque migre, sabe encontrar el camino de vuelta.
Y porque toda espera, tarde o temprano, pide respuesta.

La mía empezó aquí:
en el instante en que decidí no seguir ignorando la voz de esa niña,
la voz de esa joven detenida en el tiempo,
la voz de la mujer que estaba buscando su lugar en el mundo.

Este capítulo es su homenaje.
Y también su despertar.

Capítulo 3

Cuando adaptarse duele más que huir

El precio invisible de aprender a sobrevivir

Adaptarse.
Todos lo dicen con orgullo, como si fuese un trofeo que una niña debiera exhibir sin temblar.

«Se adaptó muy bien», repetían.

No sabían que, para lograrlo, tuve que convertirme en una sombra de mí misma. No sabían que adaptarse, para mí, no fue un triunfo, sino una herida silenciosa. Porque nadie te explica que, a veces, adaptarse duele más que huir.

La migración física había arrancado mis raíces de golpe, pero lo que vino después fue más complejo, más lento y más profundo: la migración emocional. Ese proceso en el que, sin darte cuenta, empiezas a alejarte de quien eres para encajar en un entorno que no te espera, que no te abraza, que no habla tu idioma ni comprende tu nostalgia.

El internado: donde el alma aprende a respirar distinto

Aquel internado fue mi primer escenario de sobrevivencia emocional. Durante el día, la rutina dictaba quién debíamos ser; durante la noche, el silencio revelaba en quién nos estábamos convirtiendo.

Las camas alineadas, el olor a desinfectante, las voces de otras niñas que también cargaban historias incompletas... Cada elemento era un recordatorio de que ya no pertenecía a ningún lugar.

Allí aprendí a no llorar para no destacar.
A cumplir para no ser recriminada.
A callar para no molestar.

El internado te enseña a funcionar, no a sentir. Te entrena para encajar, no para existir con autenticidad.

Mientras crecía, había algo que nunca cambiaba: la sensación de que todo lo que hacía nacía de la obligación, de la necesidad, del miedo a perder aún más.

El aeropuerto nunca se fue

Aunque mis pies caminaban por los pasillos fríos del internado, mi alma seguía detenida en la escena del aeropuerto. Esa despedida sin explicaciones. Esa maleta que pesaba más que mis brazos. Esa niña que miraba hacia atrás buscando la última mirada de mamá... y encontrando solo distancia.

El avión despegó, pero algo dentro de mí quedó suspendido en ese instante.

A veces, el primer vuelo no te lleva a un país nuevo.
Te lleva a una versión desconocida de ti misma.

La adaptación como renuncia

La gente cree que adaptarse es aprender un idioma, entender nuevas costumbres, memorizar reglas. Pero la verdad es otra: adaptarse es renunciar, poco a poco, a fragmentos de quien eras.

Renuncié a mi manera de hablar.
Renuncié a mis risas ruidosas.
Renuncié a mi impulso de pedir un abrazo.
Renuncié a mi inocencia.

Me volví correcta, útil, fuerte, silenciosa.
Una niña adulta.
Una niña que no debía sentir demasiado para no romperse.
Una niña que aprendió a observar para no equivocarse.

Y en esa renuncia, sin saberlo, fui migrando de mí misma.

Cuando encajar duele más que ser diferente

La adaptación tenía un precio: cuanto más encajaba, más me alejaba de mis raíces. Me convertí en un personaje que funcionaba bien para los demás, pero no para mí.

A veces, mirar a la niña que fui era como mirar a una desconocida que me esperaba desde lejos, preguntándome cuándo volvería por ella.

Adaptarme me enseñó a protegerme, sí.
Pero también me enseñó a esconderme.
A tomar distancia de mi vulnerabilidad.
A temer al amor porque no sabía si podría sostenerlo.

El precio invisible

Ese precio lo pagué durante años, sin factura ni advertencia:

- Inseguridad
- miedo a no ser suficiente
- sensación constante de no pertenecer
- dificultad para mostrar fragilidad
- necesidad de demostrar valor
- cansancio emocional convertido en rutina

Era un desgaste lento, silencioso, profundo.
Nadie lo veía…
pero yo lo llevaba como un peso en el pecho.

Y aun así, algo dentro de mí resistió

Con el tiempo descubrí algo que nunca pude silenciar: mi alma. Aunque herida, agotada y cubierta por capas de adaptación forzada, seguía intentando hablarme.

Era una voz pequeñita, pero constante:

«No te olvides de quién eres».
«Vuelve a ti».
«No todo está perdido».

Esa voz fue la que me sostuvo cuando mis fuerzas se agotaron. La que me empujó a escribir, a recordar, a sanar.

La que me mostró que la migración más importante no fue la que me sacó de mi tierra, sino la que me trajo de regreso a mí.

Comprender el dolor de adaptarse fue el primer paso para dejar de sobrevivir.

Porque un día lo entendí:
no vine a este mundo para adaptarme eternamente.
Vine para florecer.

Para demostrar que incluso las raíces arrancadas pueden volver a crecer…
si una se atreve a escucharse, a mirarse y a regresar a casa, aunque la casa esté dentro de una misma.

Y ese regreso —ese retorno al alma—
se convirtió en la mayor victoria de mi vida.

Capítulo 4

El silencio que se instala en el pecho

Todo lo que no se dijo, pero se quedó dentro.

Hay silencios que no se escuchan, pero pesan. Silencios que no necesitan palabras para hacerse notar, porque viven en el cuerpo como un huésped permanente.

Yo crecí con uno de esos.

Un silencio que se instaló en mi pecho tan temprano que casi parecía haber nacido conmigo. Aunque no era mío… me lo impuso la vida.

En el internado, el silencio era una norma. Se esperaba de nosotras. Callar era una forma de no molestar, de no destacar, de no mostrar necesidad. Y yo aprendí rápido.

Aprendí a cerrar la boca cuando algo dolía.
Aprendí a tragarme las preguntas, la nostalgia, el miedo.
Aprendí que las lágrimas se secan más rápido si nadie las ve.

Pero nadie te dice que cada palabra no dicha se queda dentro.
Que cada emoción que no expresas se acumula.
Que el silencio no desaparece… se transforma en peso.

Un pecho que guarda demasiado

Mi pecho se convirtió en una pequeña caja fuerte donde fui guardando todo lo que no supe nombrar: el abandono, la confusión, la rabia, la tristeza, la necesidad de amor, las ganas de volver, la sensación de no pertenecer.

Era una niña, pero dentro cargaba emociones de adulto. Las llevaba conmigo en silencio, como quien carga piedras en los bolsillos sin saber por qué camina tan despacio.

A veces, ese silencio dolía físicamente.
Era un nudo en la garganta.
Una presión en el pecho.
Un cansancio sin explicación.

Era como vivir conteniendo el aire…
como si respirar demasiado fuerte pudiera romperme.

El lenguaje que nunca aprendí: pedir amor

Muchas niñas aprenden a decir «te necesito», «abrázame», «me duele».
Yo no.

A mí me enseñaron a ser fuerte, aunque no entendía para qué me servía tanta fortaleza. A callar para no incomodar. A agradecer, incluso cuando el agradecimiento me asfixiaba.

Y así crecí sin saber pedir amor, porque no quería parecer débil. Porque, en mi cabeza, pedir amor era pedir demasiado.

Cuando nadie te pregunta cómo estás,
aprendes a no preguntártelo tú tampoco.

El silencio como refugio… y como cárcel

Con el tiempo, el silencio dejó de ser solo una obligación; se convirtió en mi forma de protegerme. Si no hablaba, no me exponía. Si no expresaba, nadie podía juzgarme. Si no mostraba mis heridas, nadie podía usar mi vulnerabilidad en mi contra.

Pero ese refugio también era una cárcel.
Una cárcel elegante, invisible, silenciosa…
pero cárcel al fin.

Me acostumbré tanto a callar que, incluso de adulta, me costaba poner nombre a lo que sentía. Me encerraba en mí misma justo cuando más necesitaba hablar. Había partes de mí que querían salir, pero no sabían cómo. O temían que, si lo hacían, se abrieran puertas imposibles de cerrar.

Los silencios heredados

Los silencios también se heredan. Se transmiten de mirada en mirada, de gesto en gesto, de generación en generación. Crecí viendo a mujeres callar: por dolor, por miedo, por vergüenza, por supervivencia.

Callar para no romper la estructura.
Callar para no generar conflicto.
Callar porque así era la vida.

Y yo, sin darme cuenta, heredé ese manual.
A veces pienso que mi silencio no empezó conmigo, sino con todas las mujeres que me precedieron. Yo solo continué la cadena.

La niña que quería hablar

Sin embargo, dentro de mí siempre vivió una niña que sí quería hablar. Una niña que quería contar lo que vio, lo que sintió, lo que perdió.

Una niña que quería decir:
«Tuve miedo».
«Me dolió».
«No entendí nada».

Pero nadie la escuchó.
Nadie le enseñó a hablar.

Y su voz se convirtió en un susurro que solo yo podía oír.

Durante años, me acompañó ese susurro:
«Dilo… aunque sea bajito».

Pero no pude.
No supe.
No me atreví.

Cuando el silencio se quiebra

El silencio empezó a romperse el día que me cansé de cargarlo. Cuando entendí que había pasado la vida sosteniendo una fortaleza que nunca pedí.

Cuando comprendí que había dejado de existir para convertirme en una versión útil, funcional, resistente… pero no verdadera.

Cuando vi que el silencio no era protección, sino una pared que me separaba de mí.

Empecé a escribir.
A hablar bajito, primero conmigo.
Luego con mis cuadernos.
Después con personas que merecían escucharme.

Y poco a poco, ese silencio que oprimía mi pecho se convirtió en palabras. Palabras que sanaban. Palabras que daban sentido. Palabras que tejían los pedazos que creí perdidos.

El silencio también quiere ser liberado

Hoy sé que cada silencio guardado era una historia que merecía ser contada. Que cada emoción retenida pedía un hogar. Que cada palabra no dicha necesitaba un espacio para existir.

Y al soltarlas, me solté a mí.
Al nombrarlas, me nombré de nuevo.
Al escribirlas, regresé a la niña que se quedó atrapada en ese aeropuerto, en ese internado, en ese pecho que cargó demasiado.

El silencio ya no vive en mí como peso.
Ahora vive como memoria.
Como testigo.
Como recordatorio de todo lo que sobreviví.

Y de que nunca más volveré a callarme para encajar en un mundo que no supo sostenerme.

Segunda parte

El dolor que no sabia su nombre.

Capítulo 5
El desarraigo que nadie vio

No estar en casa… aunque tengas techo

Hay dolores que no hacen ruido. No dejan marcas visibles ni generan preguntas. Son dolores silenciosos, tan silenciosos que incluso una misma duda de su existencia.

El desarraigo es uno de ellos.

No duele como una herida abierta; duele como una ausencia permanente. Como un frío que se instala en el alma y que nadie parece notar.

Se puede tener un techo, una cama y un plato de comida, y aun así no sentirse en casa. Se puede dormir bajo el mismo cielo durante años y, sin embargo, vivir con la sensación de pertenecer a otro lugar.

Yo crecí así: instalada en un espacio que nunca fue mío, rodeada de una rutina que no elegí, cumpliendo normas que no entendía y adaptándome a una vida que me pidió renunciar a mi identidad antes de saber quién era.

La casa que no fue hogar

El internado era grande, ordenado, seguro. Desde fuera parecía un buen lugar para una niña. Pero por dentro… por dentro era un territorio extraño.

Las paredes no tenían recuerdos míos.
Los pasillos no conocían mi voz.
La cama no tenía mi olor.

Todo estaba en su sitio, menos yo.

Había silencio, horarios, disciplina y una sensación constante de no pertenecer. A veces intentaba convencerme de que estaba bien, de que tenía suerte, de que muchas niñas no tenían ni siquiera eso. Pero por mucho que lo repitiera, algo en mí sabía que *tener un techo* no es lo mismo que *tener un hogar*.

Un hogar te acoge.
Un hogar te escucha.
Un hogar te nombra.

En el internado yo era una más. Una niña que cumplía, que no preguntaba, que aprendía rápido a no esperar nada para no sentir dolor.

Vivir con la piel cambiada

Migrar tan pequeña me obligó a desarrollar una habilidad que parecía virtud, pero terminó siendo herida: la capacidad de adaptarme sin protestar.

Como si mi alma hubiera aprendido a cambiar de forma para encajar en cualquier molde impuesto.

Sonreía cuando tocaba.
Callaba cuando dolía.
Agradecía incluso cuando estaba rota.

Me comportaba como si estuviera bien, aunque algo en mí gritara que no lo estaba.

El desarraigo es difícil de explicar porque no tiene forma. No es una emoción clara, es un vacío que te acompaña a donde vayas. Yo no sabía llamarlo así. Solo sabía que algo me faltaba… algo que no podía señalar con el dedo, pero que pesaba como si lo llevara en los huesos.

La identidad en pausa

Mientras otras niñas crecían aprendiendo quiénes eran, yo crecía aprendiendo quién debía ser para sobrevivir.

Mi identidad quedó en pausa. Se quedó atrás… en ese aeropuerto donde dejé mi infancia, en esas manos que me despidieron sin saber si volveríamos a encontrarnos igual.

En el internado aprendí a observar, a imitar, a copiar conductas para no desentonar. Y así, sin darme cuenta, fui dejando atrás la esencia de la niña que fui.

Cuando una parte de ti se queda en otro país, en otro idioma, en otra cultura, ¿cómo se supone que vuelves a reunirte contigo misma?

El desarraigo te fragmenta.
Te divide.
Te parte sin romperte del todo.

Es una grieta invisible que debilita la estructura desde dentro.

El desarraigo silencioso que se convierte en forma de vida

Lo más peligroso del desarraigo no es sentirlo…
es acostumbrarse a él.

Aprendes a vivir sin raíces.
Aprendes a aceptar la distancia como estado natural.
Aprendes a moverte por la vida como quien va de paso, aunque lleves años en el mismo lugar.

Y lo que empezó como una adaptación temporal se convierte en tu manera de existir.

Vives siempre un poco afuera.
Siempre un poco distante.
Siempre un poco sola, incluso rodeada de gente.

Ese fue mi dolor más profundo: no que me faltara un lugar, sino que el lugar que tenía nunca me abrazó.

La casa interior que se quedó sin puertas

Con los años entendí que lo que realmente perdí no fue un país, sino la sensación de pertenencia. La posibilidad de entrar en un espacio y decir: *aquí puedo soltarme.*

El desarraigo te convierte en visitante permanente. Te vuelves experta en ser fuerte, en ser correcta, en no pedir nada. Pero tu alma sigue buscando una puerta abierta. Un olor que le devuelva la paz. Un abrazo que le diga: *aquí sí puedes quedarte.*

El desarraigo que nadie vio…
hasta que yo misma lo miré

Pasaron años hasta que comprendí que ese vacío tenía nombre. Que no era fragilidad ni exageración. Que no era falta de gratitud.

Era desarraigo.
Era pérdida.
Era la huella de una niña separada demasiado pronto de todo lo que le daba identidad.

Reconocerlo fue el primer paso para sanar. Para empezar a construir una casa dentro de mí. Una casa donde mi alma pudiera entrar sin pedir permiso. Con ventanas abiertas y luz propia. Una casa que no depende de geografías, sino de verdad, aceptación y regreso.

Hoy sé que nunca estuve en casa, aunque tuviera techo.
Y también sé que ahora tengo algo más valioso:
el camino para volver a mí misma.

Capítulo 6

Aprendí a ser fuerte demasiado pronto

La infancia saltada, la mujer construida a golpes.

Hay infancias que no se recuerdan: se cargan.

No aparecen como un álbum de fotos, sino como un peso que va moldeando la espalda, los gestos y la forma en que una aprende —sin querer— a estar en el mundo.

La mía no tuvo tiempo de ser niña.

Se me escapó entre maletas, pasillos ajenos y decisiones tomadas por otros. Crecí sin la suavidad que da un hogar que te arropa; crecí con la dureza de entender demasiado pronto que la vida no siempre espera a que seas grande para exigirte.

Aprendí a ser fuerte sin haberlo pedido.
A callar lo que dolía para no incomodar.
A sonreír aunque por dentro el eco fuera puro ruido.
A cumplir, a responder, a aguantar.

Me convertí en adulta en un cuerpo pequeño.
Sin manual.

Sin permiso.
Sin alguien que me dijera que estaba bien llorar, que estaba bien tener miedo, que estaba bien necesitar.

Y así, a golpes de realidad, fui levantando la mujer que soy.

Una mujer que se sostuvo como pudo.
Que aprendió a sobrevivir antes que a vivir.
Que confundió fortaleza con resistencia
y silencio con madurez.

Nadie me explicó que crecer tan rápido también deja grietas:
la sensación de vacío en el pecho,
la necesidad de protección que nadie vio a tiempo,
la soledad que se instala cuando tienes que ser grande para todos… menos para ti.

Este capítulo no es una queja.
Es una verdad.

La verdad que muchas mujeres cargamos sin decir:
la de habernos construido sobre cimientos que no elegimos.
La de llevar en el alma la infancia que no tuvimos.
La de haber crecido a fuerza de golpes —visibles e invisibles— que aún hoy resuenan.

Pero también es el reconocimiento de algo más grande:

Sobrevivir no fue el final de la historia.
Fue el comienzo.

Porque detrás de la niña obligada a ser fuerte,
siempre hubo una mujer esperando aprender a ser libre.

Capítulo 7

El amor que vino sin cuidado

Relaciones que nacen del vacío

Hay amores que no llegan para acompañar, sino para llenar un hueco. Amores que aparecen cuando una aún no sabe que merece algo distinto. Amores que no cuidan, pero retienen; que no abrazan, pero ocupan espacio; que no sanan, pero silencian la soledad por un momento.

Yo conocí ese tipo de amor demasiado pronto, cuando aún buscaba —sin saberlo— un refugio que no encontraba en mí.

Cuando se crece con carencias afectivas, el corazón se vuelve un territorio desprotegido. Confunde migajas con banquetes, palabras sueltas con promesas, presencia con compañía. Una aprende a agradecer lo que otros dan… incluso cuando no alcanza, incluso cuando duele. Así nacen muchas relaciones: no del encuentro, sino del vacío. No del amor, sino de la necesidad.

El amor que vino sin cuidado me enseñó eso. Llegó envuelto en gestos que parecían afecto, pero que en el fondo solo eran anestesia. Llegó con abrazos que calmaban por fuera, mientras por dentro la herida seguía intacta. Me aferré porque no sabía que el amor también podía ser un lugar seguro. Porque creí que pedir cuidado era exigir demasiado. Porque pensé que, si aguantaba un poco más, si daba un poco más, al final alguien se quedaría de verdad.

Pero el amor que nace del vacío siempre termina exigiendo más de lo que ofrece. Poco a poco fui descubriendo que ese tipo de vínculo no era hogar, sino un eco de mis propias carencias. Que no era compañía, sino repetición. Que no era destino, sino un espejo de todo lo que aún me faltaba por sanar.

Reconocerlo dolió, pero también liberó. Me obligó a volver la mirada hacia dentro, a preguntarme qué parte de mí seguía hambrienta, qué parte seguía pidiendo afecto a quienes no sabían darlo. Comprendí entonces que no todos los amores merecen quedarse, y que hay despedidas que salvan más que muchas promesas.

Este capítulo no es sobre la culpa. Es sobre la claridad. Sobre aprender que el amor que viene sin cuidado no es amor: es aviso. Aviso de que ha llegado el momento de reconstruirnos, de nombrar lo que duele, de reparar la raíz para que, algún día, podamos elegir desde la plenitud y no desde la carencia.

Porque cuando una mujer empieza a sanar su vacío, también empieza a elegir un amor que ya no duele… sino que acompaña.

Capítulo 8

Agotada de ser la que puede con todo

Cuando el cuerpo empieza a protestar lo que el alma calla

Hay un momento en la vida de toda mujer fuerte en el que la fortaleza deja de ser una virtud... y se convierte en un peso. Un momento en el que el cuerpo, cansado de sostener silencios, empieza a hablar por donde puede. Una punzada. Un nudo en la garganta. Un dolor que no estaba. Un cansancio que no se va.

Así se manifiestan las verdades que el alma no pudo decir a tiempo.

Yo pasé muchos años siendo la que podía con todo. La que resolvía. La que aguantaba. La que no se permitía caer porque sentía que, si lo hacía, todo a su alrededor se desmoronaría. Aprendí a funcionar incluso con el corazón roto, con la mente saturada y con los sueños aparcados. Y mientras más demostraba que podía, más me pedían. Más me exigía yo misma.

Pero nadie puede cargar eternamente con el mundo en los hombros sin que el cuerpo pase factura. Y un día, sin previo aviso, empezó a hablar. No con palabras, sino con señales: agotamiento extremo, ansiedad silenciosa, dolores sin origen aparente. Como si cada célula quisiera decirme: *«Basta. Ya no podemos sostener lo que tú sigues callando»*.

Porque el cuerpo siempre entiende antes que la mente.
Y siempre grita más fuerte que el alma.

Lo que yo llamaba cansancio era, en realidad, una suma de heridas no atendidas. Una infancia que tuvo que ser adulta antes de tiempo. Un matrimonio que drenaba. Una vida de supervivencia maquillada con sonrisas. Cada etapa había dejado su marca… y mi cuerpo las llevaba todas.

Ser la fuerte había sido mi escudo, sí. Pero también mi cárcel. Porque detrás de esa fuerza había una mujer agotada, que no sabía pedir ayuda, que temía decepcionar y que se había convencido de que descansar era fallar.

Hasta que comprendí una verdad tan dura como liberadora: no es valentía aguantarlo todo; valentía es soltar lo que te está rompiendo.

Así empezó mi cambio. No con grandes decisiones, sino con pequeños gestos de honestidad conmigo misma: reconocer que estaba cansada, aceptar que necesitaba apoyo, permitir que otros me sostuvieran —aunque fuera un instante— y aprender a escuchar mi cuerpo como quien escucha un consejo antiguo y sabio.

Ese capítulo de agotamiento no fue derrota. Fue despertar. Un despertar que me recordó que, aunque una haya sido la fuerte toda la vida, también merece descanso, ternura y un espacio donde ser vulnerable sin miedo.

Porque solo cuando el cuerpo deja de protestar y el alma deja de callar… empieza la verdadera sanación.

Tercera parte

El despertar

Capítulo 9

El día que me desconocí

El espejo como incómoda revelación

El despertar no llega siempre como un rayo de luz.
A veces llega como una sombra. Como un silencio que se hace demasiado grande. Como un espejo que, de repente, deja de mentir.

El mío llegó así.

Fue un día cualquiera, uno de esos en los que la rutina aprieta y la vida pesa más de lo habitual. Me acerqué al espejo sin intención de mirarme de verdad. Solo quería revisar un detalle: el cabello, la ropa, la apariencia automática que me permitía seguir funcionando.

Pero esa mañana algo me detuvo.
Algo me obligó a sostener mi propia mirada por primera vez en mucho, muchísimo tiempo.

Y entonces lo vi.

Vi a una mujer cansada. Una mujer que había vivido a contracorriente. Una mujer que había sostenido tanto, que ya no sabía cómo sostenerse a sí misma. Vi mis ojos apagados, no por falta de sueño, sino por exceso de vida no vivida. Vi una fuerza que ya no nacía del poder, sino del agotamiento.

Vi a la niña migrante que un día fui, oculta detrás de capas y capas de silencio, responsabilidad, autoexigencia y abandono propio.

Me desconocí.
Y ese fue el golpe más duro.

No era la edad. No era el paso del tiempo. Era la ausencia de mí.

Durante años había sobrevivido sin hacerme preguntas. Había cumplido, había cuidado, había resistido. Había sido fuerte cuando no quería serlo, cuando no podía serlo, cuando no debía serlo. Y en esa carrera interminable por cumplir con todos, me fui abandonando sin ruido, sin drama, sin testigos.

El espejo fue el primero en darme la alerta.

No era un enemigo. Tampoco un juez. Era un mensajero. Un recordatorio de que no se puede seguir huyendo de una misma para siempre.

Ese instante en que me desconocí fue también el instante en que desperté.
Porque despertar no es iluminarse: es aceptar la oscuridad que llevas dentro. Es mirar la herida que siempre postergaste. Es darte cuenta de que ya no puedes seguir igual.

Ese día tomé una decisión silenciosa, íntima, casi sagrada: volver a mí.

Volver a mi cuerpo, que había pedido auxilio tantas veces. Volver a mis emociones, guardadas bajo llave desde niña. Volver a mi esencia, suspendida en aquel aeropuerto donde partí sin entender. Volver a mi alma, que llevaba demasiado tiempo esperándome.

Ese fue mi verdadero inicio.
El comienzo de la mujer que aprendió a nombrarse, a sanarse y a mirarse sin miedo.

El día que me desconocí…
fue el día que realmente desperté.

Capítulo 10

Escuchar a la niña que aún lloraba

Cuando el pasado pide ser mirado

Hay un momento en el proceso de despertar en el que ya no basta con reconocerse frente al espejo. Hay un paso más profundo, más frágil, más verdadero: escuchar la voz que llevas años silenciando.

En mi caso, esa voz era pequeña.
Era la voz de una niña.

Una niña de once años que partió sin entender. Una niña que aprendió muy pronto a no molestar, a no pedir, a no llorar. Una niña que guardó su dolor en el único lugar que pudo: dentro de sí misma.

Durante años la ignoré. No a propósito, sino por supervivencia. Crecer en desarraigo te obliga a madurar antes de tiempo, pero también te enseña a desconectarte de lo que sientes. Yo me volví experta en hacerlo. La mujer que fui construyó paredes, armaduras y silencios… y en ese proceso dejé a la niña atrapada en un cuarto sin luz.

Pero los recuerdos no se evaporan.
Los dolores no desaparecen porque sí.

Lo que no se atiende, se repite.
Lo que no se mira, grita.

Y un día, ese grito me alcanzó.

No fue un sonido externo. Fue una sensación interna. Un temblor emocional, como si algo dentro de mí dijera: *«No puedo seguir sola, vuelve por mí»*. Fue entonces cuando entendí que el verdadero dolor no había sido migrar… sino abandonarme en el camino.

Esa niña había llorado durante años, pero yo estaba demasiado ocupada sobreviviendo como mujer para oírla.

Escucharla fue incómodo. Fue extraño. Fue doloroso.
Pero fue también necesario. Vital. Sagrado.

Cuando por fin me detuve y la dejé hablar, entendí lo que pedía.
No quería explicaciones. No quería justificaciones. No quería promesas de que todo había pasado.

Solo quería ser mirada.
Nombrada.
Reconocida.

Quería escuchar lo que nadie le dijo entonces:
«No fue tu culpa».
«No estabas preparada».
«No merecías sentirte tan sola».
«Estoy aquí contigo».

Ese diálogo interior abrió una grieta… pero también abrió una puerta.

Comprendí que sanar no es borrar el pasado, sino abrazarlo. No es olvidar a la niña que fui, sino integrarla. Traerla conmigo. Darle lugar. Darle voz.

Cuando empecé a escribir, fue ella quien guió mis manos.
Cuando practiqué la respiración consciente, fue ella quien se calmó.
Cuando repetí afirmaciones, fue ella quien creyó.
Cuando pronuncié *«lo siento, perdóname, gracias, te amo»*, fue a ella a quien se lo dije primero.

Escuchar a la niña que aún lloraba fue el acto más valiente de mi vida.
No porque no doliera —que dolió—, sino porque me permitió volver a mí misma desde un lugar más suave, más verdadero, más humano.

Ese día comprendí algo esencial: el pasado no vuelve para herirte, sino para liberarte. La niña que llora no busca culpas, sino compañía. Y todo despertar auténtico comienza con un gesto simple, humilde y poderoso:

Sentarte.
Cerrar los ojos.
Y escuchar.

Capítulo 11

El permiso para sentir

Llorar, ya no como debilidad, sino como sanación

Durante mucho tiempo creí que llorar era un fallo.
Una grieta.
Una señal de que no estaba a la altura de todo lo que la vida exigía de mí.

Desde niña aprendí que las lágrimas incomodaban, que no había tiempo para la fragilidad, que había que ser fuerte incluso cuando por dentro todo se estaba rompiendo. El internado, la distancia, la soledad, el silencio… todo me enseñó a contenerme. A cerrar el puño. A cerrar la garganta. A cerrar el pecho. A cerrar el alma.

Ser fuerte era un mandato.
Sentir era un lujo.
Llorar, un peligro.

Y así, durante años, me convertí en una mujer que podía con todo… menos consigo misma.

No sabía entonces que la verdadera fuerza no consiste en no sentir, sino en atreverse a sentirlo todo.

El permiso llegó tarde, pero llegó. No vino de afuera. No vino de un consejo ni de un momento grandioso. Vino de una rendija emocional: un instante en el que mi cuerpo dijo basta y mis emociones se negaron a seguir siendo invisibles.

Ese día lloré.
Pero lloré distinto.

No lloré por cansancio.
No lloré por frustración ni por impotencia.
Lloré porque por fin me estaba viendo. Porque estaba aflojando la coraza. Porque estaba soltando lo que llevaba años acumulando en silencio.

Fueron lágrimas lentas, tibias. De esas que no te rompen… te vacían. Te alivian. Te regresan.

Llorar dejó de ser derrota.
Fue verdad.
Fue valentía.
Fue la primera señal de que mi alma estaba dispuesta a abrirse paso.

Comprendí que sanar no nace de apretar los dientes, sino de dejarlos descansar. Que sanar no es aguantar más, sino aflojar. Que sanar no es seguir como si nada, sino detenerse para sentirlo todo: lo evitado, lo callado, lo que dolió y nunca tuvo espacio para ser nombrado.

Darme permiso para sentir fue también un acto de reparación hacia mi niña interior. Era decirle:

Ya no tienes que ser fuerte todo el tiempo.
Puedes llorar y seguir siendo valiosa.
Tus lágrimas no te hacen menos… te hacen humana.

Ese permiso abrió puertas internas que yo misma había cerrado. Y fue ahí donde empezó la verdadera sanación: cuando dejé de luchar contra mis emociones y comencé a escucharlas.

Hoy sé que llorar no debilita a nadie. Debilita la coraza —que no es lo mismo—. Y cuando la coraza cae, aparece la mujer real. No la que sobrevive… sino la que siente, se honra, se respeta y se cuida.

Ese día entendí algo que transformó mi manera de vivir: el alma también tiene sus formas de hablar… y a veces habla en lágrimas.

Capítulo 12

El lenguaje del alma

Respirar, escribir y perdonar.

Hay un momento en el camino del despertar en el que una se da cuenta de algo esencial: el cuerpo habló toda la vida, pero una no supo escucharlo. El alma envió señales durante años, pero una estaba demasiado ocupada sobreviviendo para descifrarlas.

Y entonces se comprende que el dolor que parecía venir de afuera muchas veces era la consecuencia de un largo silencio interior.

Fue así como descubrí que el alma tiene su propio lenguaje. Y que para entenderlo no hacen falta grandes teorías, sino presencia. Verdad. Y la decisión de volver a habitarse.

Respirar: regresar al cuerpo que un día abandoné

Durante años respiré para sobrevivir, no para vivir. Respiraba rápido cuando la vida apretaba. Superficial cuando tenía miedo. Contenida cuando el dolor se acercaba.

No sabía que la respiración era un puente.
Un retorno.
Una forma silenciosa de decir: *«Estoy aquí, conmigo»*.

Empecé a practicar respiraciones conscientes sin saber muy bien lo que hacía. Pero el cuerpo respondió de inmediato: dejaba de temblar, el corazón se calmaba, la mente aflojaba su ruido constante.

La respiración me enseñó algo que nadie me enseñó de niña: a calmarme sin huir, a sostenerme sin endurecerme, a acompañarme sin abandonarme.

Respirar se volvió un acto de amor propio.
Cada inhalación, un regreso.
Cada exhalación, una liberación.

Escribir: abrir la puerta que mantuve cerrada por décadas

Mi historia llevaba años tocando la puerta. Y cuando por fin me senté a escribir, entendí que las palabras no venían solo de mí: venían de la niña que fui, de la mujer que sobrevivió y de la mujer que estaba naciendo.

Escribir no fue un ejercicio literario. Fue un acto de honestidad profunda.
Poner nombre a lo que dolió.
Desempolvar recuerdos enterrados.
Llorar mientras las escenas volvían a respirar dentro de mí.

La escritura fue llave, puerta y camino de regreso.

Y comprendí algo que marcó un antes y un después: cuando una mujer escribe su historia, ya nadie puede volver a escribirla por ella.

Perdonar: cerrar heridas que crecieron conmigo

Perdonar no fue fácil.
No fue rápido.
No fue lineal.

Durante mucho tiempo confundí perdonar con justificar, con olvidar, con decir «no pasó nada». Hasta que entendí que el perdón no borra la historia: la dignifica. La ordena. Le quita peso.

Perdonar es mirarte con compasión y decir: «Hiciste lo mejor que pudiste con lo que tenías».

Perdonar a quienes no me cuidaron como necesitaba. A quienes no supieron acompañar mi infancia. A quienes actuaron desde su propia ignorancia o dolor.

Y, sobre todo, perdonarme a mí.
Por haberme exigido tanto.
Por no haberme permitido caer.
Por haber creído que sentir era un error.
Por cargar culpas que no me pertenecían.

El perdón fue la herramienta que cerró el círculo. El gesto que me permitió soltar el pasado sin arrancarlo. La caricia que sanó heridas antiguas.

Respirar.
Escribir.
Perdonar.

Tres actos simples. Tres caminos profundos. Tres lenguajes que el alma llevaba años hablándome… y que por fin aprendí a escuchar.

Hoy sé que la sanación no empieza afuera. Empieza dentro. En ese lugar donde el alma encuentra espacio para hablar y una, por fin, se da permiso para escucharla.

Cuarta parte

El regreso a casa

Capítulo 13

Volver a mí fue el viaje más largo

Reconocerme sin castigos

Durante años pensé que la distancia más grande que había recorrido era la que separaba mi tierra de aquel país desconocido donde crecí. Creí que el viaje más duro había sido aquel en el que una niña de once años cargó una maleta más grande que ella y subió a un avión sin entender por qué.

Pero no.
El trayecto más largo no fue geográfico.
Fue interior.

Volver a mí misma fue un viaje lento, silencioso, a veces doloroso, pero profundamente transformador. Un camino hecho de pequeñas despedidas, de verdades incómodas, de espejos que devolvían imágenes que durante años evité mirar. Y, aun así, fue el único viaje capaz de devolverme a casa.

Reconocerme sin castigos

Había pasado tanto tiempo juzgándome, exigiéndome, culpándome por todo lo vivido… que el simple acto de mirarme con amabilidad se sentía extraño, casi indebido.

Estaba acostumbrada a ser mi propia carcelera: a recordarme los errores antes que los logros, a cargar culpas heredadas, dolores que no eran míos, exigencias aprendidas antes de saber quién era yo.

Volver a mí implicó enfrentar algo que durante años evité: una mirada honesta hacia mi propia humanidad.

Una mirada que no acusa.
Que no castiga.
Que no compara.

Por primera vez me observé sin levantar el dedo del juicio. Me vi con mis cicatrices sin esconderlas. Me reconocí con mis errores sin convertirlos en cadenas. Y comprendí algo que cambió mi historia:

no tenía que pedirme perdón por sobrevivir.
Tenía que agradecerme.

El viaje interior: desmontar lo aprendido

Volver a mí fue, sobre todo, desaprender.

Desaprender que debía ser fuerte todo el tiempo.
Que amar era sacrificarse hasta desaparecer.
Que ponerme en último lugar era una virtud.
Que ser vista era peligroso.
Que la culpa por no haber sabido protegerme de niña debía acompañarme siempre.

El regreso no ocurrió de golpe. Se hizo en gestos pequeños, cotidianos, decisivos:
el día que dije «no» sin temblar,

el día que lloré sin esconderme,
el día que descansé sin culpa,
el día que me hablé con suavidad,
el día que elegí no quedarme donde dolía,
el día que me di permiso para quererme… incluso sin saber todavía cómo.

Cada gesto fue un kilómetro recorrido hacia dentro.

La mujer que emergió al final del camino

Cuando una vuelve a sí misma, no regresa a la versión rota ni a la idealizada. Regresa a una versión más real. Más honesta. Más entera.

Una mujer que reconoce su historia sin vergüenza, que abraza su sensibilidad sin miedo, que se sostiene con firmeza, pero ya no desde la dureza, sino desde la conciencia.

La mujer que emergió en mí no nació de la perfección.
Nació del coraje de mirarme sin castigos.

Entendí que mi valor no venía de lo que soporté, sino de lo que me atreví a transformar. Que mi fortaleza no se medía por cuánto aguantaba, sino por cuánto me permitía sentir. Que mi identidad no estaba en el dolor, sino en la manera en que decidí sanar.

Volver a mí fue regresar a casa

No a una casa física.
No a una tierra geográfica.
No a un país.

Fue regresar al lugar donde mi alma por fin podía descansar. Donde mi niña interior podía caminar sin miedo. Donde mi voz tenía espacio. Donde mis raíces —aunque migrantes— podían anclarse con dignidad.

Volver a mí fue un renacer silencioso.
Una reconciliación profunda.
Un acto de amor hacia la mujer que fui y hacia la mujer que, por fin, me permití ser.

Porque la distancia más difícil de recorrer es la que existe entre la mujer que sobrevivió y la mujer que se abraza.
Y ese fue mi verdadero viaje.

Capítulo 14

Las raíces que no se rompieron

Identidad, memoria y herencia emocional

Hubo un tiempo en el que creí que mis raíces estaban partidas. Que el desarraigo, las despedidas prematuras y la soledad aprendida me habían dejado suspendida entre dos mundos, sin pertenecer del todo a ninguno.

Pero con los años descubrí algo esencial:
las raíces que de verdad sostienen no siempre son visibles.

Algunas viven en silencio, enterradas hondo, esperando a que la vida nos regale la valentía de mirarlas.

Porque aunque crecí lejos de mi tierra, aunque mi piel aprendió otros climas y mi lengua recogió otros acentos, dentro de mí seguía latiendo un origen que se negó a desaparecer. Una memoria que no se rompió, aunque se agrietara. Una identidad que, aunque confundida, nunca dejó de buscarme.

Volver a mí fue volver también a ellas.

A esas raíces silenciosas que sostuvieron mis días incluso cuando yo creí que caminaba sola. Estaban en mis gestos heredados, en mi manera de cuidar aunque nadie me cuidara, en la fuerza que apareció justo cuando ya no quedaba fuerza.

Ahí estaba mi historia. Empujando desde dentro. Recordándome que vengo de mujeres que resistieron, de voces que no se apagaron, de ancestros que cruzaron sus propias fronteras para darme un lugar en el mundo.

La herencia emocional no siempre duele.
A veces sostiene.
A veces es ese hilo invisible que no se corta ni siquiera cuando la vida nos arranca de la tierra.

Hoy lo entiendo: no perdí mis raíces.
Estuvieron dormidas.
Esperando el momento en que yo decidiera regresar a ellas… y a mí.

Identidad no es solo un lugar, una bandera o una familia. Identidad es el relato íntimo que te cuentas cuando ya nadie te mira. Es la voz que queda cuando el miedo se calla. Es lo que permanece en pie cuando todo lo demás se derrumba.

En este regreso descubrí que cada fragmento de mi historia —lo luminoso, lo roto, lo que dolió y lo que sostuvo— era, en realidad, una raíz más.

Y que lejos de estar rota,
yo era un árbol sobreviviente.

Hoy abrazo mi memoria sin rabia. La honro. Le doy espacio en mi presente. Porque de todo lo que pude haber perdido, hubo algo que nunca se fue:

mi raíz más profunda,
la que siempre me esperó,
incluso cuando yo no sabía cómo volver.

Capítulo 15
Reescribirme sin miedo

De la víctima a la autora.

Hubo un momento en el que entendí que mi historia no iba a cambiar… pero yo sí.
No fue un estallido ni una revelación brillante. Fue un susurro, casi tímido, que dijo:
«Ya no tienes por qué seguir contando la vida desde el dolor».

Durante años me narré desde la herida. Desde lo que me faltó. Desde lo que otros decidieron por mí. Desde la niña que esperaba, la joven que sobrevivía, la mujer que aguantaba más de lo que podía sostener.

Viví demasiadas escenas siendo espectadora de mi propia vida, como si siempre fuese otra quien decidía el rumbo. Me acostumbré a explicar mis días desde lo que me había pasado, no desde lo que yo podía elegir.

Hasta que, casi sin darme cuenta, me hice una pregunta que lo cambió todo:
¿Y si dejo de ser personaje para convertirme en autora?

Dejar de narrarme desde la herida

Ese paso no fue fácil. Porque dejar de ser víctima no significa negar el dolor vivido, sino reclamar el poder que quedó debajo de él.
Implica mirar de frente lo que dolió, sin adornos ni excusas, y al mismo tiempo soltar el peso que ya no es necesario cargar.

Implica perdonarme por haberme callado, por adaptarme tanto, por haber creído que merecía menos.
Implica hablar con una voz que, por fin, me pertenece.

Reescribirme no fue borrar capítulos; fue comprenderlos con otros ojos. Fue aceptar que mi valor no nació del sufrimiento, sino de cómo aprendí a levantarme de él. Fue entender que la vida no me arrebató mi poder… solo me enseñó, a su manera brusca, dónde debía buscarlo.

Convertirme en autora de mi destino

Hoy escribo mi historia desde otro lugar.
Desde una mujer que se sabe capaz, aunque aún tiemble.
Desde una voz que ya no pide permiso.
Desde una presencia que aprendió a ocupar su espacio sin disculparse por existir.

Convertirme en autora significó abrazar la responsabilidad de mi propio destino. Significó decidir que el futuro ya no sería una repetición del pasado. Significó elegir mi voz por encima del ruido de los miedos.

Hoy sé que no soy la historia que me contaron.
Soy la historia que me cuento a mí misma, con valentía, con conciencia y con amor.

Y esta vez, por primera vez en décadas, la escribo sin miedo.

Capítulo 16

Hacer las paces con mi historia

Cuando el pasado deja de doler y empieza a enseñar

Hay un momento en el camino de la sanación en el que el pasado deja de perseguirte.
No porque lo hayas olvidado ni porque se haya vuelto más liviano por sí mismo, sino porque tú has cambiado la manera de sostenerlo.

Durante muchos años, mi historia fue una herida abierta. Un lugar al que prefería no mirar demasiado tiempo, por miedo a volver a romperme. Creía que sanar significaba no sentir, no recordar, no tocar nada de lo que había dolido.

Pero la verdad es otra: la paz no llega escondiendo lo vivido. Llega cuando puedes mirarlo sin que se te encoja el pecho.

Mirar el pasado sin reproches

Aprendí que hacer las paces con mi historia era un acto de valentía, no de debilidad. Que regresar a mis recuerdos no me hacía retroceder, sino recuperar partes de mí que se habían quedado atrapadas en esos años.

Pude ver a la niña que fui sin culparla por haber tenido miedo.
Pude ver a la joven que sobrevivió sin juzgarla por las decisiones tomadas desde la soledad.
Pude ver a la mujer adulta que cargó demasiado y, aun así, siguió adelante, sin reproches ni exigencias imposibles.

Hacer las paces significó abrazar mis contradicciones, mi historia incompleta, mis silencios y mis renuncias. Significó aceptar que hice lo que pude con lo que tenía. Y que incluso mis errores fueron intentos de seguir viva emocionalmente.

Cuando el pasado se vuelve maestro

El pasado dejó de doler el día en que entendí que no venía a castigarme, sino a mostrarme lo que todavía necesitaba ser cuidado. Dejó de ser un enemigo para convertirse en un maestro.

Cada episodio difícil, cada ruptura emocional, cada vacío, me enseñó algo que hoy forma parte de la mujer que soy: más consciente, más compasiva, más libre.

La paz llegó cuando dejé de huir. Cuando dejé de luchar contra mi historia y la abracé como quien abraza un árbol torcido pero resistente, uno que sobrevivió a tormentas que otros jamás imaginaron.

Hoy sé que no era una historia rota. Era una historia en formación. Una historia que estaba esperando ser entendida, no borrada.

Y al fin he aprendido a caminar con ella sin que pese. A sostener mis recuerdos sin miedo. A honrar lo vivido sin quedarme atrapada en ello.

Hacer las paces con mi historia fue abrir espacio para mi futuro: el futuro de una mujer que ya no se define por lo que sufrió, sino por lo que aprendió… y por todo lo que aún está lista para crecer.

Quinta parte

La mujer que florece

Capítulo 17

Ya no huyo, camino conmigo

Una nueva forma de estar en el mundo

Hubo una época en la que mi vida entera era una carrera.
Correr para adaptarme.
Correr para encajar.
Correr para no sentir.
Correr para que nadie notara lo rota que estaba por dentro.

Huir se volvió mi manera de sobrevivir. Huir de mis emociones, de mis miedos, de mis preguntas, incluso de mis propios deseos. Era más fácil ocuparme de los demás, llenar cada minuto con obligaciones, que sentarme conmigo y escuchar lo que dolía.

Pero un día, ya cansada de estar cansada, entendí que la huida nunca me había salvado: solo me había alejado de mí.

Detenerme fue el primer acto de valentía

Ese día —que no fue un día exacto, sino un proceso lento, silencioso e inevitable— decidí detenerme. Respirar. Mirarme sin juicio. Sostener mis temblores sin esconderlos.

Y algo dentro de mí cambió.

Por primera vez en mi vida, caminé sin huir. No hacia una meta, ni hacia un deber, ni hacia lo que otros esperaban de mí. Caminé hacia mí.

Fue un movimiento suave, casi imperceptible. No tenía prisa. No tenía miedo. Solo tenía un propósito nuevo: aprender a estar en el mundo sin abandonarme.

Aprender a caminar a mi propio ritmo

Caminar conmigo significó aceptar mis ritmos, mi verdad, mis pausas, mis ganas y mis no ganas. Significó no obligarme a ser fuerte todo el tiempo, ni eficiente, ni perfecta, ni inmune al dolor.

Significó encontrar un espacio dentro de mí en el que por fin podía respirar sin justificarme.

Descubrí que había un mundo entero esperándome cuando dejé de correr: el mundo que existía dentro de mí. Allí estaban mis intuiciones, mis luces, mis sueños dormidos, mis fragmentos que solo necesitaban ser escuchados.

Y desde ese lugar comenzó la transformación.

Una nueva forma de estar en el mundo

Ya no camino para escapar del pasado, sino para honrar lo que ya no pesa.
Ya no camino sola, porque ahora voy acompañada de mi propia presencia.
Ya no camino para demostrar nada, sino para vivirlo todo.

Soy la misma mujer, pero no soy la misma historia.

Ahora camino conmigo. Con mi niña interior que por fin tiene voz. Con mi cuerpo, al que aprendí a escuchar. Con mi alma, que al fin ocupa su lugar.

Y en este caminar presente, lento y consciente, descubro una nueva forma de estar en el mundo: una en la que pertenezco, una en la que estoy completa, una en la que florezco… sin pedir permiso, sin miedo, sin huir.

Capítulo 18
La libertad de elegirme

Por primera vez sin culpa

Hay decisiones que no se toman con la cabeza, sino con el alma. Y durante muchos años, la mía estaba tan ocupada sobreviviendo que jamás se sintió con permiso para elegir.

Elegir me parecía un acto egoísta. Decir «yo quiero» era casi un pecado. Creía que debía estar disponible, correcta, útil, comprometida; siempre respondiendo, siempre sosteniendo, siempre dando. Había aprendido que amar era renunciar y que cuidarse era un lujo que una mujer como yo no se podía permitir.

Por eso, cuando llegó el momento de elegirme, no fue un gesto de rebeldía… fue un gesto de rescate.

Elegirme fue un temblor

Elegirme empezó siendo un temblor: decir «no puedo», «no quiero», «no es para mí». Sentí culpa, miedo, vergüenza. Sentí que estaba fallando a alguien, que rompía una expectativa, que estaba siendo «menos buena», «menos fuerte», «menos todo».

Pero continué. A pesar de la culpa, continué. Porque ese camino no era hacia fuera, era hacia dentro.

Elegirme fue, al principio, elegir descansar cuando estaba agotada. Elegir silencio cuando mi alma pedía pausa. Elegir distancia cuando mi corazón necesitaba espacio. Elegir verdad cuando mi voz ya no podía sostener máscaras.

De la culpa al amor propio

Poco a poco, lo que empezó como un acto de defensa se convirtió en un acto de amor.

Porque elegirme no era elegir contra nadie, era elegir conmigo. Era entender que mi bienestar también importa. Que mi paz es sagrada. Que mi tiempo y mi energía son un hogar al que tengo derecho.

Entonces ocurrió algo hermoso: la culpa comenzó a deshacerse. Ya no me perseguía cada vez que pensaba en mí. Ya no me reclamaba. Ya no me castigaba.

Empecé a sentir una libertad nueva, una que nunca antes había conocido: la libertad de vivir sin pedir perdón por existir.

La libertad de elegirme

Elegirme no me hizo más dura; me hizo más humana.
Me hizo más consciente.
Me hizo más presente.

Hoy, cuando miro mi vida, entiendo que este es uno de los regalos más grandes de todo mi viaje: la libertad de elegirme sin miedo, sin dudas, sin culpa.

Una libertad que no llegó de golpe, sino que se fue construyendo cada vez que puse mi mano sobre mi pecho y dije:

«Esta vez, te elijo a ti».

Capítulo 19

Del dolor a la misión

Cómo mi historia se volvió puente

Hay dolores que no se olvidan, pero sí pueden transformarse. Durante años pensé que lo mío había sido simplemente «mala suerte», que la vida me había puesto pruebas demasiado grandes y que mi única tarea había sido sobrevivirlas. Pero un día —sin aviso, sin preparación— entendí que todo aquello que creí que me rompía, en realidad me estaba formando.

Mi historia, la que tantas veces quise esconder, la que me avergonzó, la que cargué en silencio, se reveló como algo más que un recuerdo: era un puente. Un puente hacia otras mujeres que también estaban heridas, cansadas, perdidas o simplemente acostumbradas a ser fuertes cuando, en realidad, necesitaban ser sostenidas.

Ahí descubrí que mi dolor encontraba sentido cuando lo ponía al servicio de la comprensión. Que mis lágrimas tenían voz cuando las convertía en palabras que alguien más necesitaba escuchar. Que mis vivencias —tan duras, tan largas, tan llenas de ausencias— podían abrir caminos y no solo dejar cicatrices.

Mi misión no nació de una iluminación repentina. Nació del cansancio de callar. Nació de la necesidad de dar nombre a lo que yo misma no entendí durante años. Nació de mirar a otras mujeres a los ojos y reconocer en ellas la misma soledad que un día me habitó.

Y entonces algo cambió: el dolor dejó de ser enemigo para convertirse en propósito. No se trataba de quedarse en el pasado, sino de usarlo como faro. Entendí que mi vida, con sus migraciones visibles e invisibles, con sus pérdidas, silencios y renuncias, tenía un valor que jamás imaginé: podía ayudar a otras mujeres a encontrar palabras para historias que aún no saben contar.

Mi misión no es enseñar, ni salvar, ni dirigir. Mi misión es acompañar. Tender la mano desde mi verdad, desde mi vulnerabilidad, desde mi recorrido.

Mi misión es recordarle a cada mujer que lee este libro, que escucha mis charlas o que se cruza con mi voz, que no está sola, que no está rota, que no llegó tarde, que siempre puede volver a sí misma.

Hoy, lo que un día fue dolor se ha convertido en sentido. Lo que un día me alejó, hoy me conecta. Lo que un día me hizo callar, hoy me permite hablar con fuerza y ternura.

Mi historia ya no es un peso.
Es un puente.
Y caminarlo junto a otras mujeres ha sido uno de los regalos más hermosos de mi vida.

Capítulo 20

Mi voz como faro

Hablar para sanar, acompañar para vivir

Durante gran parte de mi vida, mi voz fue un susurro. Un eco tímido escondido detrás de obligaciones, silencios y supervivencias. Cuando una niña migra sin comprender, aprende a hablar poco… y a sentir menos. La voz se vuelve un lujo, la emoción una amenaza, la necesidad una vergüenza.

Crecí creyendo que callar era la forma correcta de existir. Que ser fuerte era guardar todo dentro. Que nadie tenía tiempo para mis heridas, que mis palabras eran «demasiado». Y así, sin darme cuenta, fui apagando mi propia luz.

Pero llega un punto en el camino en el que la vida te acorrala. Las emociones empujan desde dentro, el cuerpo protesta, el alma reclama. No porque quiera castigarte, sino porque quiere liberarte.

La primera vez que me atreví a hablar no lo hice para enseñar, ni para impresionar, ni para compartir una lección. Lo hice para no ahogarme. Para ponerle sonido a lo que me había acompañado en silencio durante más de media vida.

Hablar fue mi primera forma de sanación. Cada palabra era una grieta por donde entraba la luz. Cada recuerdo nombrado era una pieza que dejaba de aplastarme. Cada verdad dicha era una piedra menos en la maleta emocional que cargué desde los once años.

Y entonces entendí algo que cambió mi camino: mi voz no era solo para mí. Cuando empecé a contar mi historia, otras mujeres se vieron reflejadas. Mujeres que también habían sido fuertes demasiado pronto, que también migraron sin despedirse emocionalmente, que también se perdieron en el intento de sobrevivir, que también se olvidaron de sí mismas mientras sostenían al mundo.

Mi voz, la que un día pensé que no valía nada, se convirtió en faro. No por ser perfecta, sino por ser verdadera. No por sonar fuerte, sino por nacer del pecho y no de la apariencia.

Hablar dejó de ser solo un acto de valentía y se convirtió en un acto de servicio. Un puente, otra vez. Un abrazo que llega en forma de palabras. Un lugar donde otras mujeres pueden descansar y decir:
«Yo también».
«A mí también me pasó».
«Yo también me perdí».
«Yo también quiero volver a mí».

Acompañar no es cargar a nadie. Acompañar es caminar al lado, iluminando apenas lo suficiente para que la otra mujer pueda ver su propio camino.

Hoy, mi voz no busca protagonismo. Busca presencia. Busca verdad. Busca encuentro.

Porque sé lo que es vivir en silencio. Sé lo que es necesitar una mano que no llega. Sé lo que es llorar sin entender el motivo. Sé lo que es gritar hacia dentro.
Y también sé lo que es renacer.

Por eso hablo. Porque cada vez que lo hago, no solo me sano yo… también se abre un espacio para que otra mujer respire.

Mi voz es mi faro, pero la luz no es solo mía.
La luz es de todas las que un día fueron niñas migrantes de su tierra, de su historia o de sí mismas.
La luz pertenece a cada mujer que decide escucharse, sentirse, elegirse y volver a casa.

Epílogo

A la mujer que aún no ha vuelto… pero está en camino

A ti, mujer que lees estas palabras
con el corazón apretado,
con el pecho lleno de historias que todavía no sabes contar,
con silencios acumulados que pesan más de lo que admites:
este epílogo es para ti.

Tal vez llevas años migrando sin moverte del sitio.
Migraste de tus emociones para poder sobrevivir.
Migraste de tu cuerpo porque dolía habitarlo.
Migraste de tu voz porque nadie la escuchó
cuando más lo necesitabas.
Migraste de tus sueños
porque te enseñaron a elegir siempre los de los demás.

Y aun así, sigues aquí.
Respirando.
Caminando.
Sosteniéndote como puedes.

Con un cansancio antiguo,
pero también con una esperanza pequeña
que se niega a apagarse.

Quiero que sepas algo
que yo tardé demasiados años en comprender:

no estás perdida;
solo te estás buscando.

Volver a una misma no es un acto repentino.
Es un regreso lento, íntimo, valiente.

Es mirarte al espejo sin juicio.
Es atreverte a llorar sin pedir permiso.
Es recuperar tu nombre, tu voz, tu deseo, tu ternura.
Es abrazar a la niña que fuiste
y decirle que ya no tiene que ser fuerte todo el tiempo.

No importa cuánto tiempo lleves lejos de ti.
No importa si sientes que ya no sabes por dónde empezar.
No importa si crees que tu historia pesa demasiado.

Te lo digo desde mi verdad:
siempre es posible volver.

Tal vez avances con dudas, con miedo,
con pasos inseguros.
Está bien.

Así se regresa a una misma:
con imperfección,
con fragilidad,
con humanidad.

Este libro no pretende llevarte de la mano
ni decirte quién debes ser.
Solo quiere ser un faro discreto.
Una luz encendida por si una noche
te sientes demasiado sola para seguir.

Un recordatorio suave de que tu historia no te define,
pero sí te revela.
Que tu dolor no te encierra,
pero sí te guía.
Que tu alma no está rota,
solo está esperando que vuelvas a ella.

Y cuando lo hagas,
cuando mires dentro sin miedo
y reconozcas que sigues ahí,
intacta y poderosa,
entenderás algo hermoso:

Nunca estuviste lejos.
Solo estabas en camino.

A ti, que aún no has vuelto
pero te estás acercando,
este libro es tu abrazo.

Este final es tu comienzo.
Este regreso es tuyo.

Y aquí, desde mi historia,
mi voz y mi alma,
te acompaño
mientras vuelves a casa.

Afirmaciones para volver al alma

1. Regreso a mí con cada respiración.
2. Me permito sentirlo todo: lo que dolió, lo que callé, lo que aún espera.
3. Escucho a mi alma con amor, sin juicios ni prisas.
4. Honro a la niña que fui y la abrazo con ternura.
5. Mi historia es camino, no condena.
6. Hoy libero lo que ya no me sostiene.
7. Lo que busco fuera, ya vive dentro de mí.
8. Mi alma sabe regresar a casa; yo confío en su guía.
9. Estoy a salvo en mi cuerpo, en mi voz y en mi verdad.
10. Permito que mi vulnerabilidad sea mi fortaleza.
11. Merezco descanso, cuidado y ternura.
12. Me doy permiso para empezar de nuevo.
13. Mi alma es un refugio al que siempre puedo volver.
14. No tengo que ser fuerte todo el tiempo; solo auténtica.
15. Me reconozco, me acepto, me abrazo.
16. Mi luz no desapareció; solo esperaba que la mirara.
17. Cada paso que doy hacia mí es un acto de amor.
18. Estoy volviendo a casa, sin miedo, sin culpa, sin prisa.
19. Elijo mi paz, mi verdad y mi libertad interior.
20. Mi alma me guía, y yo confío.

Frases destacadas del libro

Sobre el viaje interior

- «A veces, el camino más duro es el que te devuelve a ti misma».
- «No sabía a dónde iba, pero intuía que no podía quedarme donde estaba».
- «Volver a mí fue mi mayor acto de valentía».

Sobre el miedo y la transformación

- «El miedo no desaparece: se transforma cuando decides mirarlo de frente».
- «Cada decisión tomada con temblor me abrió una puerta que nunca hubiera imaginado».
- «Me perdí muchas veces, pero cada pérdida me enseñó a sostenerme».

Sobre el dolor convertido en propósito

- «Mi dolor fue el maestro. Mi misión, el regalo».
- «Lo que un día me quebró, hoy me permite abrir caminos para otras mujeres».
- «Dios no desperdicia una herida: cuando la sanas, se convierte en luz».

Sobre autoestima y libertad

- «Elegirme no fue egoísmo; fue supervivencia».
- «Dejar de complacer fue la puerta a mi libertad».
- «Cuando aprendí a quererme, dejé de mendigar amor».

Sobre la mujer que fui y la que soy

- «La niña que fui aún tiembla, pero la mujer que soy la abraza».
- «No soy perfecta. Soy posible».
- «Mi historia no me define: me impulsa».

Sobre la voz, la misión y el servicio

- «Al hablar mi verdad, otras mujeres encontraron la suya».
- «Mi voz fue primero un susurro; hoy es un faro».
- «No vine a impresionar. Vine a inspirar».

Sobre fe, resiliencia y renacimiento

- «Lo que creí un final era, en realidad, un comienzo».
- «La vida siempre ofrece una segunda oportunidad: se llama hoy».
- «No volví intacta; volví viva».

Si sientes que aún no has vuelto, este libro es para ti. Porque tu alma siempre sabe el camino.

Mantras

Migrar al alma

- Migrar no siempre es cambiar de lugar; a veces es regresar al sitio dentro de ti que dejaste abandonado.
- El alma siempre encuentra la forma de llamar, incluso cuando llevas años fingiendo que no escuchas.
- Hay despedidas que no se hacen con palabras, sino con cuerpos que aprenden a sobrevivir sin entender por qué.
- La niña que fuiste nunca se perdió; solo esperaba que un día te atrevieras a mirarla de nuevo.
- Sanar no es olvidar; es abrazar lo que dolió hasta que deja de gobernarte.
- La fortaleza aprendida a golpes también puede desaprenderse con amor propio.
- A veces, el verdadero viaje no es huir, sino quedarse contigo sin miedo.
- El desarraigo duele menos cuando entiendes que también eres hogar.
- Tu historia no te limita: te revela.
- Volver al alma es recordar quién eres, más allá de las heridas que te hicieron dudarlo.

Carta final a ti, lectora

Querida mujer valiente:

Si has llegado hasta aquí, quiero que sepas algo importante: no estás sola. Cada página que acabas de recorrer nació de una mujer que también tuvo miedo, que se sintió pequeña, perdida e invisible, y que aun así decidió levantarse y seguir caminando.

Este libro no pretende darte lecciones. Es la huella de un camino recorrido con más preguntas que respuestas, con noches largas y silencios que dolían, y con amaneceres que, poco a poco, me enseñaron que dentro de mí había más fuerza de la que jamás imaginé. Hoy deseo, con todo mi corazón, que tú también puedas sentir esa fuerza dentro de ti.

Si estás atravesando un momento difícil, si te cuesta confiar, si te estás reconstruyendo o apenas estás recordando quién eres, abrázate. Permítete sentir, llorar, descansar y volver a empezar. No tienes que demostrar nada. No tienes que ser perfecta. Solo tienes que ser tú.

Ojalá estas páginas te hayan acompañado como lo haría una amiga: suavemente, sin juicio, tomando tu mano cuando más lo necesitabas. Ojalá hayan despertado en ti un recordatorio esencial: mereces una vida en la que tú también seas prioridad. Mereces amor, calma, prosperidad, belleza y una versión de ti misma que no tema ocupar su lugar en el mundo.

Gracias por abrirme un espacio en tu corazón. Gracias por permitirme entrar en tu historia. Todo lo que viví cobró un nuevo sentido al saber que, de alguna manera, podía inspirarte a sanar, a creer y a elegirte.

Y antes de cerrar este libro, deja que te diga algo más:

Tienes derecho a empezar de cero todas las veces que lo necesites.
Tienes derecho a ser valiente sin dejar de ser sensible.
Tienes derecho a cambiar tu vida, incluso ahora, incluso hoy.

Si alguna vez dudas, vuelve a estas páginas.
Si alguna vez caes, vuelve a levantarte.
Si alguna vez te olvidas de quién eres, recuerda que dentro de ti habita una mujer poderosa, luminosa y capaz de reinventarse cuantas veces haga falta.

Con todo mi cariño y mi verdad,

Pilar Borikó

Agradecimientos

Migrar al alma - Pilar Borikó

Hay caminos que se transitan en silencio, pero nunca en soledad. Este libro nació de mi historia, sí, pero también de todas las manos invisibles que me sostuvieron incluso cuando yo no sabía cómo pedir ayuda. A todas ellas, hoy les escribo con el alma abierta.

A mis padres, que hicieron lo que pudieron con lo que tenían. Que tomaron decisiones difíciles desde el amor y el deseo de ofrecerme un futuro mejor, aunque el precio fuera la distancia. Hoy los abrazo no desde la niña herida, sino desde la mujer que comprende y honra. Gracias por la vida, por la raíz, por el punto de partida.

A mis hijos, mis tesoros, mis maestros. Crecieron viendo a una madre fuerte y a una mujer que aprendía a reconstruirse. Gracias por vuestra paciencia, por vuestra luz y por darme motivos para no rendirme cuando el alma temblaba. Vosotros sois mi casa en movimiento.

A mi familia extendida, la de sangre y la elegida. A quienes me acompañaron en los silencios, en las ausencias y en los regresos. A quienes me tendieron la mano cuando yo no tenía palabras. Gracias por sostener mis fragmentos sin juzgar mis grietas.

A las mujeres que han formado parte de mi camino. Las que me cuidaron, las que me inspiraron, las que me abrazaron sin preguntar. A vosotras, que también migrasteis en cuerpo o en alma, gracias por enseñarme que la fuerza compartida se multiplica. Vuestras historias fueron faros que también alumbraron la mía.

A las lectoras que encontrarán en estas páginas un reflejo, un eco, una verdad familiar. Gracias por abrir vuestro corazón para escuchar el mío. Este libro existe para que cada una encuentre un puente hacia sí misma.

A la niña que fui. A esa pequeña que caminó con una maleta que no sabía sostener, que guardó silencios que no le correspondían y sobrevivió a despedidas demasiado grandes para sus manos. Gracias por no rendirte, por esperar, por permanecer. Este libro es, en esencia, un abrazo que por fin llega a ti.

A la mujer en la que me he convertido. Gracias por atreverte a volver, a mirar, a llorar, a perdonar, a escribir. Por seguir adelante incluso cuando el alma pedía pausa. Por recordar que mereces tu propia ternura.

Y, sobre todo, gracias a la Vida. A ese misterio que a veces desordena para volver a colocar. Que rompe para abrir camino. Que incomoda para despertar. Este libro es mi forma de agradecer cada lección, cada encuentro, cada señal.

A cada persona que, de un modo u otro, forma parte de esta historia:
Gracias por ayudarme a regresar a mi alma.

Sobre la autora

Pilar Borikó Mosera (Guinea Ecuatorial, 1957) es escritora, mentora emocional y voz inspiradora para mujeres que buscan reencontrarse consigo mismas después de una vida dedicada a sobrevivir. Su historia personal —marcada por la migración temprana, el desarraigo, la resiliencia y la reconstrucción interior— se ha convertido en el corazón de su obra y en el puente que hoy tiende hacia otras mujeres que aprendieron a ser fuertes demasiado pronto.

A los once años fue enviada sola a España, donde creció en un internado lejos de su familia. Aquella separación silenciosa marcó el inicio de un viaje profundo: primero de adaptación, después de resistencia y, finalmente, de regreso al alma. Pilar transformó la herida en palabra, el silencio en voz y la memoria en una misión de vida.

Tras décadas de desafíos personales, maternidad en solitario y trabajo incansable, inició un proceso de sanación que la llevó a explorar la escritura, la respiración consciente, las afirmaciones y el perdón como caminos de retorno a sí misma. De ese viaje interior nació *De lo desconocido a lo valiente*, su primer libro, donde plasmó su renacer.

Hoy continúa ese legado con *Migrar al alma*, una obra íntima y valiente que acompaña a quienes sienten que se han alejado de sí mismas. Su mensaje central es claro: siempre podemos volver a la mujer que fuimos antes de la herida, antes del silencio, antes del abandono.

Pilar combina su pasión por la palabra con charlas, encuentros y espacios de acompañamiento emocional para mujeres de 50+, animándolas a recuperar su libertad interior, su autoestima y su voz.

Vive en España, camina cada día como ritual de conexión con la vida y escribe con una intención clara: ser faro para quienes aún caminan en la sombra, recordándoles que regresar al alma siempre es posible.

Extracto

Migrar al alma

«Todas migramos alguna vez:
del miedo a la calma,
de la culpa a la verdad,
del abandono a nosotras mismas.

Este libro no es una historia:
es un regreso.

Un recordatorio de que volver al alma
es el viaje más valiente que una mujer puede hacer».

Decretos para volver al alma

(No se leen deprisa.
Se respiran.
Se eligen.
Se repiten cuando hace falta.)

Hoy me permito volver a mí,
sin miedo
y sin castigos.

Mi historia no me define:
me sostiene.

No estoy rota.
Estoy en proceso.

Honro a la niña que fui
y cuido a la mujer que soy.

Puedo soltar
lo que ya no me protege.

Mi valor no depende
de cuánto aguanto.

Me elijo con amor,
incluso cuando me cuesta.

Mi alma sabe
el camino de regreso.

No tengo que demostrar fortaleza
para merecer descanso.

Estoy a salvo
dentro de mí.

Ejercicios para regresar a ti

Ejercicio 1 — Escribir a tu niña interior

Busca un lugar tranquilo.
Escribe una carta a la niña que fuiste.

No la juzgues.
No la corrijas.

Dile lo que necesitaba escuchar
y no escuchó.

No busques belleza literaria.
Busca verdad.

Ejercicio 2 — Nombrar tu propia migración

Responde por escrito, sin pensar demasiado:

¿De qué partes de mí me he alejado?

¿Cuándo empecé a callarme?

¿Qué necesito hoy para volver?

Nombrar
es el primer acto de regreso.

Ejercicio 3 — Respirar para habitar el cuerpo

Cierra los ojos.
Inhala lento por la nariz.
Exhala por la boca.

Hazlo cinco veces.

Siente tu cuerpo.
No lo exijas.
Habítalo.

El cuerpo también necesita
volver a casa.

Ejercicio 4 — Perdonar sin obligarte

Escribe una lista de personas
—inclúyete—
con las que sientas carga emocional.

No fuerces el perdón.
Solo reconoce el peso.

A veces, perdonar
empieza por dejar de pelear.

Ejercicio 5 — Elegirte hoy

Completa esta frase:

«Hoy me elijo cuando…»

Hazlo concreto.
Pequeño.
Posible.

La vuelta al alma
se construye en gestos simples.

Este libro ha sido editado con mimo y magia
en los talleres de Rapitbook,
donde los relojes corren hacia atrás
y el Conejo Blanco cuida los autores.

Tu opinión da vida a los libros.

Cuéntanos qué te ha parecido este libro en

www.rapitbook.com